Nota para los padres

DK READERS es un convincente programa para lectores infantiles desarrollado por un equipo de expertos en la didáctica del lenguaje, entre los que destaca la Dra. Linda Gambrell, directora de la facultad de educación Eugene T. Moore de la Universidad de Clemson. La Dra. Gambrell también ha sido presidenta de la Conferencia Nacional de Lectura y miembro de la junta directiva de la Asociación Internacional de Lectura.

Combinamos bellas ilustraciones y magníficas fotografías a color con textos entretenidos y sencillos, con el fin de ofrecer una aproximación amena a cada tema en la serie. Cada volumen de la serie DK READERS captará el interés del niño al tiempo que desarrolla sus destrezas de lectura, cultura general y pasión por la lectura.

El programa de DK READERS está estructurado en cinco niveles de lectura, para que pueda usted hacer una elección precisa y adecuada a las aptitudes de su hijo.

Prenivel 1 – Para principiantes
Nivel 1 – Primeros pasos
Nivel 2 – Lectura asistida
Nivel 3 – Lectura independiente
Nivel 4 – Lectura avanzada

Dado que la edad "normal" para que un niño empiece a leer puede estar entre los tres y los ocho años de edad, estos niveles han de servir sólo como una pauta general.

Pero sea cual sea el nivel, usted le ayudará a su hijo a aprender a leer…¡y a leer para aprender!

LONDON, NEW YORK, MUNICH,
MELBOURNE, and DELHI

Editoras del proyecto Naia Bray-Moffatt,
Deborah Murrell
Editora de Arte Jane Horne
Editora de Arte Sénior Sarah Ponder
Editora Directora Bridget Gibbs
Diseñadora DTP Sénior Bridget Roseberry
Editora en EE.UU. Regina Kahney
Producción Melanie Dowland
Investigación fotográfica Frances Vargo
Diseño de chaquetilla Dean Price
Ilustrador Peter Dennis
Índice Lynn Bresler

Asesora de lectura
Linda B. Gambrell, Ph.D

Fuente de investigación
Jamestown–Yorktown Foundation, Virginia

Versión en español
Editora Alisha Niehaus
Directora de Arte Michelle Baxter
Diseñadora DTP Kathy Farias
Producción Ivor Parker

Traducción Scott Foresman

Primero edición estadounidense 2000
Versión en español de DK, 2006

06 07 08 09 10 9 8 7 6 4 3 2 1

Publicado en Estados Unidos por DK Publishing, Inc.
375 Hudson Street, New York, NY 10014

Publicado en Gran Bretana por Dorling Kindersley Limited.

ISBN: 0-7566-2131-3 (pb); 0-7566-2132-1 (hc)

Reproducción a color por Colourscan, Singapur
Impreso y encuadernado en China por L. Rex Printing Co., Ltd.

A catalog record for this book is available from the Library of Congress.

La editorial quisiera agradecer a los siguentes por
su amable permiso para reproducir sus fotografías:
Clave: a=arriba; b=abajo; i=izquierda; d=derecha; c=centro
Bridgeman Art Library: Colección privada 2 a, 32 ai;
Museo de Ciencia, Londres 32 ci; **J. Allan Cash Ltd.:** 31;
Corbis: Bettmann 3, 32 cd; Peter Harholdt 10, Richard T. Nowitz 33,
Tim Wright 25 b; **Biblioteca fotografía Dorling Kindersley:** 2, 21 a;
Fine Art Photographic Library Ltd.: Colección privada 28;
Jamestown-Yorktown Foundation: 7 b, 32 bi; **Borough Council of
King's Lynn and West Norfolk:** 2 b, 32 bd; **Paul Weston:** 5 b.

Descubre más en
www.dk.com

LECTURA
2
ASISTIDA

La historia de
Pocahontas

Escrito por Caryn Jenner

DK Publishing, Inc.

—Vi a unos extraños pálidos —contó un cazador al regresar a la aldea indígena—. Están construyendo una aldea.

Pocahontas corrió a escuchar.

—¿No te parece emocionante?

—le preguntó a su padre.

El jefe Powhatan frunció

el ceño. —Ya veremos.

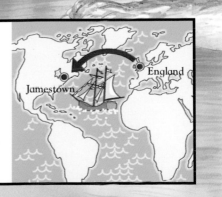

Un viaje muy largo

Los primeros colonos
tardaron cinco meses
en navegar de Inglaterra
a las Américas. Llegaron
en abril de 1607.

Powhatan envió a Pocahontas
y a un grupo de exploradores
a la aldea de los forasteros.
Caminaron en silencio
y se escondieron entre los árboles.
Los forasteros se veían muy extraños.
¡Hasta tenían pelo en la cara!

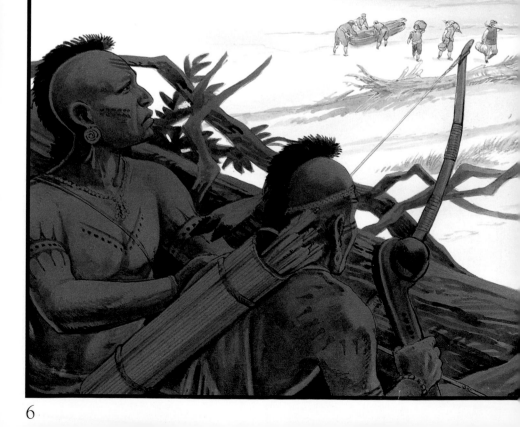

Pocahontas juntó valor y se acercó sonriendo a saludarlos. Un hombre de rostro peludo le devolvió la sonrisa.

La nueva tierra

Los colonos descargaron y empezaron a explorar el continente americano. Esperaban encontrar oro y otras riquezas.

Pocahontas fue muchas veces
a visitar la aldea de los colonos.
El hombre sonriente de rostro peludo
era el capitán John Smith.
Los colonos venían de Inglaterra.
Llamaron Jamestown
a su nuevo hogar
en honor de su rey, James.

A veces Pocahontas llevaba alimentos
a los colonos hambrientos.
Sabían hacer muchas cosas,
pero no sabían
cultivar maíz.

A Pocahontas le caen bien los colonos, pero muchos indígenas no los querían. El jefe Powhatan celebró una reunión.

—Los forasteros nos traerán problemas —dijo a su gente—. Si los atacamos, se marcharán.

—Seamos amigos —pidió Pocahontas.

—Nos están quitando tierras —contestó Powhatan—. No podemos confiar en ellos

El jefe Powhatan

Powhatan, era el jefe de más de 14,000 indígenas que vivían en muchas aldeas cercanas.

Los guerreros de Powhatan
tomaron prisionero al capitán Smith.

—Déjalo en libertad, por favor
—rogó Pocahontas a su padre.
—No lo haré —le contestó Powhatan—.
Debemos mostrar a los forasteros que
somos muchos. Así no nos atacarán.

Los guerreros llevaron a Smith
a ver muchas aldeas indígenas.
Lo trataron como a un invitado,
pero no lo dejaron en libertad.

Pocahontas y John Smith se hicieron amigos. Smith le enseñó inglés. Ella le enseñó palabras en el idioma indígena. Pocahontas pidió a su padre que ayudara a los colonos. No estaban acostumbrados al invierno en estas tierras.

El jefe Powhatan les dio alimentos
de la cosecha del otoño.

Los colonos quedaron muy agradecidos.

Durante un tiempo, los indígenas y los
colonos vivieron en paz.

Pero un día llegó otro barco
con más colonos ingleses.

Los nuevos colonos tomaron más tierras.

Powhatan se enojó.

Pocahontas y el capitán Smith hicieron
lo posible para que hubiera paz.

Pero los indígenas y los colonos
no se llevaban bien.

Volvió el invierno.

El capitán Smith quería cambiar productos ingleses por alimentos. Acampó cerca de la aldea de Powhatan.

Pocahontas oyó que su padre hacía planes para atacar el campamento.

Pocahontas esperó
a que todos durmieran.
A pesar del viento y de la nieve,
fue a avisar a su amigo.
—Me has vuelto a salvar la vida,
Pocahontas —le dijo Smith.

Pasaron muchas estaciones.

Pocahontas ya era una mujer

y se mudó a una nueva aldea.

Oyó decir que su amigo,

John Smith, murió.

Los colonos y los indígenas

seguían peleando.

Un día, un barco inglés

ancló cerca de la aldea.

Pocahontas subió a bordo

a conocer el barco.

El capitán, que se llamaba Argall,

no dejó que se bajara.

¡La raptaron!

El capitán Argall llevó a Pocahontas
a un nuevo pueblo cerca de Jamestown.
Pocahontas aprendió a portarse
como los colonos.
Llevaba vestidos de tela gruesa
y una gorra en la cabeza.

Iba a la iglesia
con sus nuevos amigos.
La bautizaron con el nombre
inglés de Rebecca.

La iglesia de los colonos

La iglesia era muy
importante para los colonos.
A Pocahontas la bautizaron
en la fe cristiana.

Todos los colonos querían a Pocahontas,
especialmente uno llamado John Rolfe.
Pocahontas quería casarse con él.
Powhatan hizo las paces con los colonos
para celebrar el matrimonio de su hija.
Fue el mejor regalo de bodas
que recibió Pocahontas.
Pocahontas y su esposo tuvieron
un bebé, a quien llamaron Thomas.
Juntos cruzaron el océano para
ir a Inglaterra.

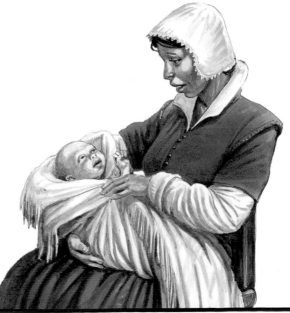

—¿Qué te parece Inglaterra?

—le preguntó John Rolfe a su esposa.

—¡Hay tanta gente!

—contestó Pocahontas.

La gente se quedaba mirando
a Pocahontas.

Era la primera vez que veían
a un indígena norteamericano.

Pocahontas recordó cómo ella misma
miró a los colonos ingleses
la primera vez, y sonrió.

La visita a Inglaterra

En Inglaterra, muchos
querían conocer
a Pocahontas y saber
de las Américas.

Al rey James y la reina Anne
les encantó Pocahontas.

Después de varios meses en Inglaterra,
Pocahontas se enfermó.
Un día recibió una sorpresa.

¡Era el capitán Smith!

—¡Estás vivo! —balbuceó Pocahontas.

—Vivito y coleando. Y tú tienes
que mejorarte —contestó Smith.
Pero Pocahontas no mejoró.
Apenas tenía 21 años de edad
cuando murió.

Pocahontas se esforzó para que
hubiera paz y amistad entre los colonos
y los indígenas norteamericanos.

Monumento conmemorativo

Esta estatua se encuentra en
Gravesend, Inglaterra, cerca de
la tumba de Pocahontas. La
recordamos como una joven
inteligente y valiente.

Los indígenas y los colonos

En 1492, Cristóbal Colón partió rumbo a la India. ¡Pero llegó a las Américas! Por eso llamó "indios" a sus habitantes.

Pocahontas tenía unos 11 años cuando los colonos fundaron Jamestown en 1607. Pocahontas es un apodo que quiere decir "juguetona". Su verdadero nombre era Matoaka.

Cuando los puritanos de Inglaterra se enteraron de la existencia de Jamestown, decidieron venir a las Américas. Vinieron en el *Mayflower,* que llegó a Plymouth, Massachusetts, en 1620.

Thomas, el hijo de Pocahontas, se crió en Inglaterra. De adulto, regresó a vivir en un terreno que le regaló su abuelo, el jefe Powhatan.

En Virginia se puede visitar una reconstrucción de la aldea de Pocahontas y de la colonia Jamestown cerca de donde estuvieron.